ALPHABET

FRANÇAIS SYLLABIQUE,

OU

MÉTHODE INGÉNIEUSE

POUR

Apprendre à lire en peu de temps.

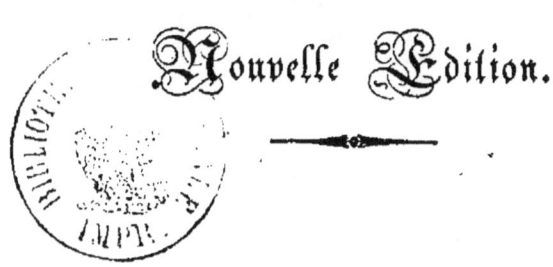

Nouvelle Edition.

A RODEZ,

CHEZ CARRÈRE AÎNÉ, IMPRIMEUR-LIBRAIRE.

1859.

a	b	c
d	e	f
g	h	i	j
k	l	m

n	o	p
q	r	s
t	u	v
x	y	z

Au nom du Père, et du Fils, et du St-Esprit. Ainsi soit-il.

Majuscules Romaines.

ABCDEFGH
IJKLMNOPQ
RSTUVXYZÆ
OEWÇÉÈÊ.,;:'

Majuscules Italiques.

ABCDEFGHI
JKLMNOPQR
STUVXYZÆ
OEWÇÉÈÊ.

Autres Majuscules Romaines.

† A B C D E F G H I J K L
M N O P Q R S T U V X Y Z
Æ Œ W Ç É È Ê ¥ ₤ † § ¶ * « »
( ) [ ] .

Autres Majuscules Italiques.

*A B C D E F G H I J K
L M N O P Q R S T U V X
Y Z Æ Œ W Ç É È Ê.*

Lettres ordinaires Romaines.

a b c d e f g h i j k l
m n o p q r s t u v x y z &.

Lettres ordinaires Italiques.

*a b c d e f g h i j k l
m n o p q r s t u v x y z &.*

Con-son-nes.

b c d f g h j k l m n p q r s t v x z.

Diph-ton-gues.

æ œ ai au ei eu ay.

Let-tres : doubles.

ct ſt ſſ ff fl fl ffl ſi ſſi fi ffi w &.

Les six voyelles............	a e i o u y.
Idem *Circonflexes*.........	â ê î ô û.
Idem *Aiguë*...............	é.
Idem *Graves*..............	à è ì ò ù.
Idem *Tréma*...............	ë ï ü.
Ponctuations.....	. , ; : ' ? !

Let-tres d'a-bré-vi-a-ti-ons.

ã ẽ ĩ õ ũ.

EXEMPLE *Des Abréviations, et manière d'y employer les Lettres.*	ã	am	an.
	ẽ	em	en.
	ĩ	im	in.
	õ	om	on.
	ũ	um	un.

Chiffres Arabes.

1. 2. 3. 4. 5. 6. 7. 8. 9. 10. 20. 30. 40. 50. 60. 70. 80. 90. 100. 200. 300. 400. 500. 600. 700. 800. 900. 1,000.

(7)

ALPHABETS EN DIFFÉRENTS CARACTÈRES,
et véritable manière de prononcer les consonnes.

Romain.	Prononciation.	Italique.	Capitales.
a		*a*	A
b	*be*	*b*	B
c	*ce que*	*c*	C
d	*de*	*d*	D
e		*e*	E
f	*fe*	*f*	F
g	*ge gue*	*g*	G
h	*he*	*h*	H
i j	*je*	*i j*	I J
k	*ke*	*k*	K
l	*le*	*l*	L
m	*me*	*m*	M
n	*ne*	*n*	N
o		*o*	O
p	*pe*	*p*	P
q	*que*	*q*	Q
r	*re*	*r*	R
s	*se ze*	*s*	S
t	*te st*	*t*	T
u		*u*	U
v	*ve*	*v*	V
x	*kse gez*	*x*	X
y	*i ye*	*y*	Y
z	*se*	*z*	Z

SYL-LA-BES.

a	e	i	o	u
Ab	eb	ib	ob	ub
ac	ec	ic	oc	uc
ad	ed	id	od	ud
af	ef	if	of	uf
ag	eg	ig	og	ug
al	el	il	ol	ul
am	em	im	om	um
an	en	in	on	un
ap	ep	ip	op	up
aq	eq	iq	oq	uq
ar	er	ir	or	ur
as	es	is	os	us
at	et	it	ot	ut
av	ev	iv	ov	uv
ax	ex	ix	ox	ux
az	ez	iz	oz	uz

AU-TRES : SYL-LA-BES.

ba	be	bi	bo	bu
ca	ce	ci	co	cu
da	de	di	do	du
fa	fe	fi	fo	fu
ga	ge	gi	go	gu
ha	he	hi	ho	hu
ja	je	ji	jo	ju
la	le	li	lo	lu
ma	me	mi	mo	mu
na	ne	ni	no	nu
pa	pe	pi	po	pu
qua	que	qui	quo	quu
ra	re	ri	ro	ru
sa	se	si	so	su
ta	te	ti	to	tu
va	ve	vi	vo	vu
xa	xe	xi	xo	xu
ya	ye	yi	yo	yu
za	ze	zi	zo	zu

Sons formés de deux consonnes et d'une voyelle.

bla	ble	bli	blo	blu
bra	bre	bri	bro	bru
cha	che	chi	cho	chu
chra	chre	chri	chro	chru
cla	cle	cli	clo	clu
cra	cre	cri	cro	cru
dra	dre	dri	dro	dru
fla	fle	fli	flo	flu
fra	fre	fri	fro	fru
pha	phe	phi	pho	phu
phla	phle	phli	phlo	phlu
gla	gle	gli	glo	glu
gna	gne	gni	gno	gnu
gra	gre	gri	gro	gru
pla	ple	pli	plo	plu
pra	pre	pri	pro	pru
rha	rhe	rhi	rho	rhu
sca	sce	sci	sco	scu
spa	spe	spi	spo	spu
sta	ste	sti	sto	stu
tha	the	thi	tho	thu
thra	thre	thri	thro	thru
tra	tre	tri	tro	tru
vra	vre	vri	vro	vru

Sons formés des mêmes deux consonnes et d'une voyelle dans un ordre différent.

Vra	vre	vri	vro	vru
tra	tre	tri	tro	tru
thra	thre	thri	thro	thru
tha	the	thi	tho	thu
sta	ste	sti	sto	stu
spa	spe	spi	spo	spu
sca	sce	sci	sco	scu
rha	rhe	rhi	rho	rhu
pra	pre	pri	pro	pru
pla	ple	pli	plo	plu
gra	gre	gri	gro	gru
gna	gne	gni	gno	gnu
gla	gle	gli	glo	glu
phla	phle	phli	phlo	phlu
pha	phe	phi	pho	phu
fra	fre	fri	fro	fru
fla	fle	fli	flo	flu
dra	dre	dri	dro	dru
cra	cre	cri	cro	cru
cla	cle	cli	clo	clu
chra	chre	chri	chro	chru
cha	che	chi	cho	chu
bra	bre	bri	bro	bru
bla	ble	bli	blo	blu

AU-TRES : SYL-LA-BES.

Ab	ad	af	am	an	as	at	au
bac	bal	bam	ban	bar	bas	bat	bau
cab	cal	cam	can	car	cas	cat	cau
dac	dal	dam	dan	dar	das	dat	dau
ed	el	em	en	er	es	et	eu
fac	fel	fam	fen	fer	fes	fet	fau
gac	gel	gam	gan	ger	ges	get	gau
hac	hal	ham	hen	her	hes	het	hau
jac	jal	jam	jen	jer	jes	jet	jau
kac	kal	kam	kan	kar	kas	kat	kau
lac	lal	lam	lan	ler	les	let	lau
mac	mal	mam	man	mer	mes	met	mau
nac	nal	nam	nan	ner	nes	net	nau
oc	ol	om	on	or	os	ot	ou
pac	pal	pam	pan	par	pas	pat	pau
quac	qual	quam	quan	quor	quos	quat	quau
rac	ral	ram	ren	rer	ras	rat	rau
sac	sed	sam	san	sor	sas	sat	sau
tac	taf	tam	ten	tor	tas	tat	tau
vac	vec	vic	voc	vom	ven	vaf	vau
xac	xec	xic	xoc	xom	xen	xaf	xau
yac	yec	yic	yoc	yom	yon	yun	yau
zac	zec	zic	zoc	zom	zen	zaf	zau

L'O-RAI-SON.

L'O-RAI-SON
DO-MI-NI-CA-LE.

No-tre : Pè-re : qui : ê-tes : aux : Ci-eux : que : vo-tre : nom : soit : sanc-ti-fi-é : que : vo-tre : rè-gne : ar-ri-ve : que : vo-tre : vo-lon-té : soit : fai-te : en : la : ter-re : com-me : au : Ciel : don-nez : nous : au-jour-d'hui : no-tre : pain : quo-ti-di-en : et : par-don-nez : nous : nos : of-fen-ses : com-me : nous : par-don-nons : à : ceux : qui : nous : ont : of-fen-sés : et : ne : nous : a-ban-don-nez : point : à : la : ten-ta-ti-on : mais : dé-li-vrez : nous : du : mal : Ain-si : soit-il :

La : sa-lu-ta-ti-on : an-gé-li-que.

JE : vous : sa-lu-e : Ma-ri-e : plei-ne : de : grâ-ce : le : Sei-gneur : est : a-vec : vous : vous : ê-tes : bé-ni-e : en-tre : tou-tes : les : fem-mes : et : Jé-sus : le : fruit : de : vo-tre : ven-tre : est : bé-ni : Sain-te : Ma-ri-e : Mè-re : de : Di-eu : pri-ez : pour : nous : pau-vres : pé-cheurs : main-te-nant : et : à : l'heu-re : de : no-tre : mort : Ain-si : soit-il :

Le : sym-bo-le : des : A-pô-tres.

JE : crois : en : Di-eu : le : Pè-re : Tout : puis-sant : cré-a-teur : du : Ciel : et : de : la : ter-re : en : Jé-sus : Christ : son : Fils : u-ni-que : no-tre : Sei-gneur : qui : a : é-té : con-çu : du : Saint : Es-prit : qui : est : né : de : la : Vi-er-ge : Ma-ri-e : qui : a : souf-fert : sous : Pon-ce : Pi-la-te : a : é-té : cru-ci-fi-é : est : mort : et : a : é-té : en se-ve-li : est : des-cen-du : aux : en-fers : le : troi-si-è-me : jour : est : res-sus-ci-té : d'en-tre : les : morts : est :

mon-té aux Ci-eux est as-sis à la droi-te de Di-eu le Pè-re Tout puis-sant d'où il vi-en-dra ju-ger les vi-vants et les morts. Je crois au Saint Es-prit la Sain-te E-gli-se ca-tho-li-que la com-mu-ni-on des Saints la ré-mis-si-on des pé-chés la ré-sur-rec-ti-on de la chair la vi-e é-ter-nel-le Ain-si soit-il.

La con-fes-si-on des pé-chés.

JE me con-fes-se à Di-eu Tout puis-sant à la bi-en-heu-reu-se Ma-ri-e tou-jours Vi-er-ge à Saint Mi-chel Ar-chan-ge à Saint Jean Bap-tis-te aux A-pô-tres Saint Pi-er-re et Saint Paul à tous les Saints par-ce que j'ai pé-ché par pen-sé-es par pa-ro-les et œu-vres Par ma fau-te par ma fau-te par ma très gran-de fau-te C'est pour-quoi je pri-e la bi-en-heu-reu-se Ma-ri-e tou-jours

Vi-er-ge : Saint : Mi-chel : Ar-chan-ge :
Saint : Jean : Bap-tis-te : les : A-pô-
tres : Saint : Pi-er-re : et : Saint : Paul :
et : tous : les : Saints : de : pri-er : pour :
moi : en-vers : le : Sei-gneur : no-tre
Di-eu : Ain-si : soit-il :

Q^{ue} : le : Di-eu : Tout : puis-sant :
nous : fas-se : mi-sé-ri-cor-de : qu'il :
nous : par-don-ne : nos : pé-chés : et :
nous : con-dui-se : à : la : vi-e : é-ter-nel-le :
Ain-si : soit-il :

Q^{ue} : le : Sei-gneur : Tout : puis-
sant : et : mi-sé-ri-cor-di-eux : nous :
don-ne : in-dul-gen-ce : ab-so-lu-ti-on :
et : ré-mis-si-on : de : tous : nos : pé-
chés : Ain-si : soit-il :

La : Bé-né-dic-ti-on : de : la : table.

B^{é-nis-sez} : [ce : se-ra : le : Sei-
gneur :] que : la : droi-te : de :
Jé-sus : Christ : nous : bé-nis-se : a-vec :
tou-tes : ces : cho-ses : que : nous :
de-vons : pren-dre : pour : no-tre :
ré-fec-ti-on : Au : nom : du : Pè-re :

et : du : Fils : et : du : Saint : Es-prit :
Ain-si : soit-il :

Ac-ti-ons : de : grâ-ces : a-près : le : re-pas.

O : Roi : ô : Di-eu : Tout : puis-sant : nous : vous : ren-dons : grâ-ces : pour : tous : vos : bi-en-faits : qui : vi-vez : et : ré-gnez : par : tous : les : si-è-cles : des : si-è-cles : Ain-si : soit-il :

Les : dix : Com-man-de-ments : de : Di-eu.

1. Un : seul : Di-eu : tu : a-do-re-ras : Et : ai-me-ras : par-fai-te-ment :
2. Di-eu : en : vain : tu : ne : ju-re-ras : Ni : au-tre : cho-se : pa-reil-le-ment :
3. Le : Di-man-che : tu : gar-de-ras : En : ser-vant : Di-eu : dé-vo-te-ment :
4. Pè-re : et : mè-re : ho-no-re-ras : A-fin : que : tu : vi-ves : lon-gue-ment :
5. Ho-mi-ci-de : ne : com-met-tras : De : fait : ni : vo-lon-tai-re-ment :
6. Lu-xu-ri-eux : point : ne : se-ras : De : corps : ni : de : con-sen-te-ment :

7. Le bi-en d'au-tru-i ne pren-dras
Ni re-ti-en-dras à ton es-ci-ent
8. Faux té-moi-gna-ge ne di-ras
Ni men-ti-ras au-cu-ne-ment
9. L'œu-vre de la chair ne dé-si-re-ras
Qu'en ma-ri-a-ge seu-le-ment
10. Bi-ens d'au-tru-i ne con-voi-te-ras
Pour les a-voir in-jus-te-ment

Les Com-man-de-ments de l'E-gli-se.

1. Les Di-man-ches la Mes-se ou-ï-ras
Et les Fê-tes pa-reil-le-ment
2. Les Fê-tes tu sanc-ti-fi-e-ras
Qui te sont de com-man-de-ment
3. Tous tes pé-chés con-fes-se-ras
A tout le moins u-ne fois l'an
4. Ton Cré-a-teur tu re-ce-vras
Au moins à Pâ-ques hum-ble-ment
5. Qua-tre-temps vi-gi-les jeû-ne-ras
Et le ca-rê-me en-ti-è-re-ment
6. Ven-dre-di chair ne man-ge-ras
Ni le sa-me-di mê-me-ment

LES SEPT PSAUMES
PÉ-NI-TEN-TI-AUX
Psau-me 6

Sei-gneur ne me re-pre-nez point dans vo-tre fu-reur et ne me cor-ri-gez point dans le fort de vo-tre co-lè-re

A-yez pi-ti-é de moi Sei-gneur puis-que je suis fai-ble Sei-gneur gué-ris-sez moi car le mal qui me ron-ge a pas-sé dans mes os qui en sont tout é-bran-lés

Mon â-me est a-bat-tu-e de tris-tes-se mais vous Sei-gneur jus-ques à quand dif-fè-re-rez vous ma gué-ri-son

Tour-nez vos yeux sur moi Sei-gneur Sau-vez mon â-me de tous les dan-gers dé-li-vrez moi par vo-tre gran-de bon-té et mi-sé-ri-corde

Car : on : ne : se : sou-vi-ent : pas : de : vous : par-mi : les : morts : et : qui : se-ra : ca-pa-ble : de : cé-lé-brer : vos : lou-an-ges : dans : les : En-fers :

Je : me : suis : tour-men-té : jus-ques : à : ce : point : dans : mes : gé-mis-se-ments : que : tou-tes : les : nuits : mon : lit : est : bai-gné : et : ma : cou-che : est : ar-ro-sé-e : de : mes : lar-mes :

Mes : dou-leurs : m'ont : fait : pleu-rer : si : a-mè-re-ment : que : j'en : perds : les : yeux : je : suis : vi-eil-li : par : le : cha-grin : de : voir : mes : en-ne-mis : se : ri-re : de : mon : tour-ment :

Mais : re-ti-rez : vous : de : moi : vous : qui : per-sis-tez : tou-jours : dans : vo-tre : mé-chan-ce-té : car : Di-eu : a : en-ten-du : fa-vo-ra-ble-ment : la : voix : de : mes : pleurs :

Le : Sei-gneur : a : ex-au-cé : ma : pri-è-re : le : Sei-gneur : a : re-çu : mon : o-rai-son :

Que : tous : mes : en-ne-mis : en : rou-gis-sent : de : hon-te : et : soi-ent :

at-teints : d'u-ne : a-gi-ta-ti-on : vi-o-len-te : qu'ils : s'en : re-tour-nent : cou-verts : de : con-fu-si-on : et : de : hon-te :

Gloi-re : soit : au : Pè-re : etc :

Psau-me : 31 :

Bi-en-heu-reux : sont : ceux : à : qui : les : i-ni-qui-tés : sont : par-don-né-es : et : dont : les : pé-chés : sont : cou-verts :

Bi-en-heu-reux : est : l'hom-me : à : qui : Di-eu : n'im-pu-te : point : sa : fau-te : a-près : l'a voir : com-mi-se : et : qui : n'a : point : de : dé-gui-se-ment : en : son : es-prit :

Par ce : que : j'ai : gar-dé : mon : mal : se-crè-te-ment : mes : os : com-me : en-vi-eil-lis : ont : per-du : leur : for-ce : par-mi : les : cris : que : j'ai : je tés :

Vo-tre : main : s'est : ap-pe-san-ti-e : sur : moi : tant : que : le : jour : et : la : nuit : ont : du-ré : et : la : dou-leur : qui : me : con-su-me : m'a : des-sé ché :

com-me : l'her-be : du-rant : les : cha-leurs : de : l'é-té :

C'est : pour-quoi : je : vous : ai : li-bre-ment : dé-cla-ré : mon : of-fen-se : et : je : ne : vous : ai : point : te-nu : mon : i-ni-qui-té : ca-ché-e :

Dès : que : j'ai : dit : il : faut : que : je : con-fes-se : con-tre : moi : mê-me : mon : pé-ché : au : Sei-gneur : vous : a-vez : re-mis : l'im-pi-é-té : de : ma : fau-te :

Ce : qui : ser-vi-ra : d'un : ex-em-ple : mé-mo-ra-ble : à : tous : les : jus-tes : pour : vous : a-dres-ser : leurs : pri-è-res : en : temps : de : mi-sé-ri-cor-de :

Et : cer-tes : quand : un : dé-lu-ge : de : maux : i-non-de-rait : tou-te : la : ter-re : ils : n'en : pour-raient : être : au-cu-ne-ment : tou-chés :

Vous : ê-tes : mon : a-si-le : con-tre : tou-tes : les : ad-ver-si-tés : qui : m'en-vi-ron-nent : vous : qui : ê-tes : ma : joi-e : dé-li-vrez : moi : des : en-ne-mis : dont : je : suis : as-si-é-gé :

Je : vous : don-ne-rai : un : es-prit : clair-vo-yant : et : vous : en-sei-gne-rai : le : che-min : que : vous : de-vez : te-nir : j'ar-rê-te-rai : mes : yeux : veil lant : à : vo-tre : con-dui-te :

Tou-te-fois : ne : de-ve-nez : point : sem-bla ble : au : che-val : et : au : mu-let : qui : n'ont : point : d'en-ten-de-ment :

Vous : leur : don-ne-rez : le mors : et : la : bri-de : pour : les : em-pê-cher : de : mor-dre : et : de : ru-er : con-tre : vous :

Plu-si-eurs : ma-lé-dic-ti-ons : se : ré-pan-dront : sur : les : pé-cheurs : mais : la : mi-sé-ri-cor-de : se ra : le par-ta-ge : de : ceux : qui : met-tent : leur : es pé-ran-ce : au : Sei-gneur :

Ré-jou is-sez : vous : donc : au : Sei-gneur : hom-mes : jus-tes : et : vous : tous : qui : ê-tes : nets : de : cœur : so-yez : trans-por-tés : de : joi-e :

Gloi-re : soit : au : Pè-re : etc :

Psau-me : 37 :

Sei-gneur : ne : me : re-pre-nez : point : dans : vo-tre : fu-reur : ne : me : cor-ri-gez : point : dans : le : fort : de : vo tre : co-lè-re :

J'ai : dé jà : sen-ti : les : traits : pi-quants : de : vo-tre : in-di-gna-ti-on : que : vous : a-vez : dé-co-chés : con-tre : moi : et : sur : qui : vous : a-vez : ap-pe-san-ti : vo-tre : main :

Ma : chair : tou te : cou-ver-te : d'ul-cè-res : é-prou-ve : bi-en : les : ef-fets : de : vo-tre : i-re : et : à : cau se : de : mes : pé-chés : mes : os : ne : re-çoi-vent : au cun : re-pos :

Car : il : est : vrai : que : mes : i-ni-qui-tés : me : noi-ent : et : se : sont : é-le-vé-es : par : des-sus : ma : tê-te : el-les : m'ac ca-blent : sous : leur : faix :

Mes : ci-ca-tri-ces : se : so-nt : en-vi-eil-li-es : et : ont : dé-gé-né-ré : par : ma : fo-li-e : en : u-ne : cor-rup-ti-on : sans : re-mè-de :

E-tant ain-si de-ve-nu mi-sé-ra-ble et cour-bé sous les en-nuis je che-mi-ne tout le jour a-vec u-ne gran-de tris-tes-se

Mes reins pleins d'u-ne ar-deur ex-ces-si-ve me cau-sent d'é-tran-ges il-lu-si-ons et je n'ai au-cu-ne par-ti-e de mon corps où je ne souf-fre

Je suis si fort af-fli-gé et a-bais-sé qu'au li-eu de plain-tes mon cœur n'ex-pri-me sa dou-leur que par des hur-le-ments

Sei-gneur vo-yez tou-tes mes in-ten-ti-ons mes pleurs ni mes gé-mis-se-ments ne vous sont point ca-chés

Mon cou-ra-ge s'é-ton-ne je n'ai plus de for-ce ni de vi-gueur et mes yeux qui sont a-veu-glés de mes lar-mes n'a-per-çoi-vent plus la clar-té

Mes a-mis et mes pro-ches se sont é-loi-gnés de moi me

vo-yant : ré-duit : en : ce : pi-teux : é-tat :

Mes : voi-sins : se : sont : re-ti-rés : aus-si : et : ceux : qui : cher-chent : à : m'ô-ter : la : vi-e : y : em-ploi-ent : de : gran-des : vi-o-len-ces :

Ils : n'é-pi-ent : que : les : oc-ca-si-ons : de : me : nui-re : et : ti-en-nent : de : mau-vais : dis-cours : de : moi : ils : pas-sent : les : jours : à : cher-cher : ma : rui-ne :

Né-an-moins : com-me : si : j'eus-se : é-té : sourd : je : ne : les : ai : point : é-cou-tés : et : com-me : si : j'eus-se : é-té : mort : je : n'ai : ou-vert : la : bou-che : pour : leur : ré-pon-dre :

J'ai : bou-ché : mes : o-reil-les : à : tous : leurs : re-pro-ches : et : ma : lan-gue : n'a : point : eu : la : pei-ne : de : re-pous-ser : leurs : in-ju-res :

Par-ce : qu'en : vous : Sei-gneur : j'ai : mis : tou-te : mon : es-pé-ran-ce : Sei-gneur : mon : Di-eu : vous : ex-au-ce-rez : s'il : vous : plaît : ma : pri-è-re :

Je : vous : pri-e : que : mes : en-ne-mis : ne : se : glo-ri-fi-ent : de : mes : mi-sè-res : ni : que : dès : le : mo-ment : que : je : fais : un : faux : pas : ils : se : dres-sent : con-tre : moi : pour : me : fai-re : tomber :

Je : suis : pour-tant : dis-po-sé : à : souf-frir : tou-jours : la : per-sé-cu-ti-on : et : la : dou-leur : que : j'ai : mé-ri-té-e : se : pré-sen-te : con-ti-nu-el-le-ment : à mes : yeux :

Car : j'a-vou-e : que : j'ai : com-mis : de : gran-des : i-ni-qui-tés : et : je : ne : pro-po-se : à : ma : pen-sé-e : jour : et : nuit : que : l'ob-jet : de : mon : cri-me :

Ce-pen-dant : mes : en-ne-mis : vi-vent : con-tents : ils : se : for-ti-fi-ent : con-tre : moi : et : leur : nom-bre : aug-men-te : tous : les : jours :

Ceux : qui : ren-dent : le : mal : pour : le : bi-en : m'ont : é-té : con-trai-res : par-ce : que : j'ai-me : la : paix : et : la : dou-ceur :

Sei-gneur : ne : m'a-ban-don-nez :

point : dans : ces : pé-rils : mon : Di-eu : ne : les : é-loi-gnez : point : de : moi :

Ve-nez : promp-te-ment : à : mon : se-cours : mon : Sei-gneur : et : mon : Di-eu : puis-que : vous : ê-tes : mon : sa-lut :

Gloi re : soit : au : Pè-re : etc :

Psau-me : 50 :

Mon : Di-eu : a-yez : pi-ti-é : de : moi : se-lon : vo-tre : gran-de : mi-sé-ri-cor-de :

Et : se-lon : la : mul-ti-tu-de : de : vos : bon-tés : ef-fa-cez : mon : i-ni-qui-té :

Ver-sez : a-bon dam-ment : sur : moi : de : quoi : me : la-ver : de : mes : fau-tes : net-to-yez-moi : de : mon : pé-ché :

Je : re-con-nais : mes : of-fen-ses : et : mon : cri-me : est : tou-jours : con-tre : moi :

Con-tre : vous : seul : j'ai : pé-ché : et : j'ai : com mis : de-vant : vos : yeux : tout : le : mal : dont : je : me : sens :

cou-pable : so-yez : re-con-nu : vé-ri-ta-ble : en vos : pro-mes-ses : et : de-meu-rez : vic-to-ri-eux : quand : vous : pro-non-cez : vos : ju-ge-ments :

J'ai : é-té : souil-lé : de : vi-ces : dès : l'ins-tant : de : ma : for-ma-ti-on : et : ma : mè-re : m'a : con-çu : en : pé-ché :

Mais : pour-tant : com-me : vous : a-vez : tou-jours : ai-mé : la : vé-ri-té : aus-si : vous : a-t-il : plu : de : me : ré-vé-ler : les : mys-tè-res : se-crets : de : vo-tre : di-vi-ne : sa-ges-se :

Ar-ro-sez-moi : de : l'hy-so-pe : et : je : se-rai : net-to-yé : la-vez-moi : et : je : de-vi-en-drai : plus : blanc : que : n'est : la : nei-ge :

Fai-tes-moi : en-ten-dre : la : voix : in-té-ri-eu-re : de : vo-tre : Saint-Es-prit : qui : me : com-ble-ra : de : joie : et : el-le : i-ra : jus-ques : dans : mes : os : af-fai-blis : par : le : tra-vail :

Dé-tour-nez : vos : yeux : de : mes : pé-chés : et : ef-fa-cez : les : ta-ches : de : mes : i-ni-qui-tés :

✼

Mon : Di-eu : met-tez : un : cœur : net : dans : mon sein : re-nou-ve-lez : dans : mes : en-trail-les : l'es-prit : d'in-no-cen-ce :

Ne : me : con-dam-nez : point : à : de-meu-rer : é-loi-gné : de : vo-tre : pré-sen-ce : ne : re-ti-rez : point : de : moi : vo-tre : Saint-Esprit :

Ren-dez : à : mon : â-me : la : joi-e : qu'el-le : re-ce-vra : dès : que : vous : se-rez : son : sa-lut : et : as-su-rez : si : bien : mes : for-ces : par : vo-tre : Es-prit : que : je : ne : trem-ble : plus :

J'en-sei-gne-rai : vos : voi-es : aux : mé-chants : et : les : im-pi-es : con-ver-tis : im-plo-re-ront : vo-tre : mi-sé-ri-cor-de :

O : mon : Di-eu : le : Di-eu : de : mon : sa-lut : pur-gez-moi : du : cri-me : d'ho-mi-ci-de : et : ma : lan-gue : s'es-ti-me-ra : heu-reu-se : de : ra-con-ter : les : mi-ra-cles : de : vo-tre : jus-ti-ce :

Sei-gneur : ou-vrez : s'il : vous : plaît : mes : lè-vres : et : ma : bouche : aus-si-tôt : an-non-ce-ra : vos : lou-an-ges :

Car : si : vous : eus-si-ez : vou-lu : des : sa-cri-fi-ces : j'eus-se : te-nu : à : hon-neur : d'en : char-ger : vos : au-tels : mais : je : sais : bi-en : que : les : ho-lo-caus-tes : ne : peu-vent : a-pai-ser : vo-tre : cour-roux :

Un : es-prit : af-fli-gé : du : re-gret : de : ses : pé-chés : est : le : sa-cri-fi-ce : a-gré-a-ble : à : Di-eu : mon : Di-eu : vous : ne : mé pri-se-rez : point : un : cœur : con-trit : et : hu-mi-li-é :

Sei-gneur : fa-vo-ri-sez : la : vil-le : de : Si-on : sui-vant : vo-tre : bon-té : ac-cou-tu-mé-e : et : per-met-tez : que : les : mu-rail-les : de : Jé-ru-sa-lem : soi-ent : re-le-vé-es :

A-lors : vous : a-gré-e-rez : les : sa-cri-fi-ces : de : jus-ti-ce : vous : ac-cep-te-rez : nos : o-bla-ti-ons : et : nos : ho-lo-caus-tes : et : l'on : of-fri-ra : des : veaux : sur : vos : au-tels :

Gloi-re : soit : au : Pè-re : etc :

Psau-me : 101 :

Sei-gneur : ex au-cez : ma : pri-è-re : et : per-met-tez : que : mon : cri : ail-le : jus-qu'à : vous :

Ne : dé-tour-nez : point : vo-tre : vi-sa-ge : de : des-sus : ma : mi-sè-re : mais : prê-tez : l'o-reil-le : à : ma : voix : quand : je : suis : en : af-flic-ti-on :

En : quel-que : temps : que : je : vous : in-vo-que : ex-au-cez-moi : promp-te-ment :

Par-ce : que : mes : jours : s'é-cou-lent : com-me : la : fu-mé-e : et : mes : os : se : con-su-ment : com-me : un : ti-son : dans : le : feu :

Mon : cœur : ou-tré : de : tris-tes-se : me : fait : res-sem-bler : à : cet-te : her-be : cou-pé-e : qui : est : sans : vi-gueur : et : mon : â-me : est : si : af-fli-gé-e : que : j'ou-bli-e : de : man-ger : mon : pain :

A : for-ce : de : me : plain-dre : et :

de : sou-pi-rer : mes : os : ti-en-nent :
à : ma : peau :

Je : res-sem-ble : au : pé-li-can :
dans : le : dé-sert : ou : à : la : chou-
et-te : en-ne-mi-e : de : la : lu-mi-è-re :
qui : se : ti-ent : dans : les : trous :
d'u-ne : mai-son :

Je : ne : re-po-se : point : tou-tes :
les : nuits : je : de-meu-re : so-li-tai-
re : com-me : le : pas-se-reau : dans :
son : nid :

Mes : en-ne-mis : me : font : des :
re-pro-ches : tout : le : long : de : la :
jour-né-e : et : ceux : qui : m'ont :
don-né : des : lou-an-ges : se : sont :
ef-for-cés : de : me : dés-ho-no-rer :

Vo-yant : que : je : man-geais : de :
la : cen-dre : au : li-eu : de : pain : et :
que : je : mê-lais : mon : breu-va-ge :
a-vec : l'eau : de : mes : pleurs :

De-vant : la : pré-sen-ce : de : vo-
tre : co-lè-re : et : de : vo-tre : in-di-
gna-ti-on : puis-que : a-près : m'a-voir :
é-le-vé : vous : m'a-vez : fort : a-bat-tu :

Mes : jours : sont : com-me : l'ombre : du : soir : qui : s'obs-cur-cit : et : s'al-lon-ge : la : nuit : ap-pro-chant : le : cha-grin : me : fait : sé-cher : com-me : le : foin :

Mais : vous : Sei-gneur : qui : de-meu-rez : é-ter-nel-le-ment : la : mé-moi-re : de : vo-tre : nom : se-ra : im-mor-tel-le : pas-sant : de : gé-né-ra-ti-on : en : gé-né-ra-ti-on :

Tour-nez : vos : re-gards : sur : Si-on : quand : vous : re-vi-en-drez : de : vo-tre : som-meil : pre-nez : pi-ti-é : de : ses : mi-sè-res : puis-qu'il : est : temps : de : lui : par-don-ner :

Il : est : vrai : que : ses : pi-er-res : sont : tel-le-ment : chè res : à : vos : ser-vi-teurs : qu'ils : ont : re gret : de : voir : u-ne : si : bel le : vil-le : dé-trui-te :

A-lors : Sei-gneur : vo-tre : nom : se-ra : re-dou-té : par : tou-tes : les : na-ti ons : et : vo-tre : gloi-re : é-pou-van-te-ra : tous : les Rois : de : la : ter-re :

Quand on saura que vous avez rebâti Sion où le Seigneur paraîtra dans sa gloire

Il regardera favorablement la prière des humbles et ne tiendra point leur supplication digne de mépris

Toutes ces choses seront consignées dans l'histoire pour l'instruction de la postérité qui en donnera des louanges au Seigneur

Il regarde ici bas du saint lieu où son Trône est élevé et du Ciel où il réside il jette ses yeux sur la terre

Pour entendre les cris de ceux qui sont dans les fers et pour rompre les chaînes de ceux qui sont condamnés à la mort

Afin que le nom du Seigneur soit honoré dans Sion et que sa louange soit chantée en Jérusalem

Quand : tous : les : peu-ples : s'as-sem-ble-ront : que : les : ro-yau-mes : s'u-ni-ront : pour : le : ser-vir : et : pour : a-do-rer : son : pou-voir :

Mais : je : sens : qu'il : a-bat : mes : for-ces : par : la : lon-gueur : du : che-min : il : a : di-mi-nu-é : le : nom-bre : de : mes : jours :

C'est : pour-quoi : je : m'a-dres-se : à : mon : Dieu : et : j'ai : dit : Sei-gneur : ne : m'ô-tez : point : du : monde : au : mi-li-eu : de : ma : vi-e : vos : an-né-es : ne : fi-ni-ront : ja-mais :

Car : c'est : vous : qui : dès : le : com-men-ce-ment : avez : as-su-ré : les : fon-de-ments : de : la : ter-re : et : les : Ci-eux : sont : les : œu-vres : de : vos : mains :

Mais : ils : pé-ri-ront : et : il : n'y : au-ra : que : vous : seul : de : per-ma-nent : tou-tes : ces : cho-ses : vi-eil-li-ront : com-me : le : vê-te-ment :

Et : vous : les : chan-ge-rez : com-me : un : man-teau : ou : com-me : un pa-vil-lon : et : vous : se-rez : tou-jours : le : mê-me : que : vous : a-vez : é-té : sans : que : vos : an-né-es : pren-nent : ja-mais : de : fin :

Tou-te-fois : les : en-fants : de : vos : ser-vi-teurs : au-ront : u-ne : de-meu-re : as-su-ré-e : et : ceux : qui : naî-tront : d'eux : jou-i-ront : en : vo-tre : pré-sen-ce : d'u-ne : gran-de : fé-li-ci-té :

Gloi-re : soit : au : Pè-re : etc :

Psau-me : 129 :

Sei-gneur : je : me : suis : é-cri-é : vers : vous : du : pro-fond : a-bî-me : de : mes : en-nuis : Sei-gneur : é-cou-tez : ma : voix :

Ren-dez : s'il : vous : plaît : vos : o-reil-les : at-ten-ti-ves : aux : tris-tes : ac-cents : de : mes : plain-tes :

Sei-gneur : si : vous : ex-a-mi-nez : de : près : nos : of-fen-ses : qui : est-ce : qui : pour-ra : sou-te-nir : les : ef-forts : de : vo-tre : co-lè-re :

Mais : la : clé-men-ce : et : le : par-don : se : trou-vent : chez : vous : ce : qui : est : cau-se : que : vous : ê-tes : craint : et : ré-vé-ré : et : que : j'at-tends : l'ef-fet : de : vos : pro-mes-ses :

Mon : â-me : s'é-tant : as-su-ré-e : sur : vo-tre : pa-ro-le : a : mis : tou-tes : ses : es-pé-ran-ces : en : Di-eu :

Ain-si : de-puis : la : gar-de : as-si-se : dès : l'au-be : du : jour : jus-qu'à : la : sen-ti-nel-le : de : la : nuit : Is-ra-ël : es-pè-re : tou-jours : au : Sei-gneur :

Car : il : y : a : dans : le : Sei-gneur : u-ne : plé-ni-tu-de : de : mi-sé-ri-cor-de : et : u-ne : a-bon-dan-ce : de : grâ-ces : pour : nous : ra-che-ter :

Et : c'est : lui : mê-me : qui : ra-chè-te-ra : son : peu-ple : de : tous : ses : pé-chés :

Gloi-re : soit : au : Pè-re : au : Fils : et : au : Saint : Es-prit :

Psau-me : 142 :

Seigneur : ex-au-cez : ma : pri-è-re : prê-tez : l'o-reil-le : à : mon : o-rai-son : en-ten-dez : moi : se-lon : la : vé-ri-té : de : vos : pro-mes-ses : et : se-lon : vo-tre : jus-ti-ce :

N'en-trez : point : en : ju-ge-ment : a-vec : vo-tre : ser-vi-teur : car : au-cun : ne : se : peut : ja-mais : jus-ti-fi-er : de-vant : vous :

L'en-ne-mi : qui : m'a : per-sé-cu-té : sans : me : don-ner : un : mo-ment : de : re-lâ-che : m'a : pres-que : ré-duit : à : ex-pi-rer : dans : la : pous-si-è-re :

Il : m'a : je-té : dans : l'hor-reur : des : té-nè-bres : et : com-me : si : j'é-tais : dé-jà : mort : au : mon-de : mon es-prit : se : trou-ve : a-gi-té : par : beau-coup : d'in-qui-é-tu-des : et : mon : cœur : se : con-su-me : de : dou-leur :

Mais : je : me : suis : con-so-lé : par : le : sou-ve-nir : des : temps : pas-sés :

dis-cou-rant : en : mon : es-prit : de : vos : ac-ti-ons : mer-veil-leu-ses : en : fa-veur : des : pè-res : et : mé-di-tant : sur : les : ou-vra-ges : de : vos : mains :

Je : vous : tends : les : mi-en-nes : et : mon : â-me : vous : dé-si-re : avec : au-tant : d'im-pa-ti-en-ce : que : la : ter-re : sè-che : at-tend : de : l'eau :

Sei-gneur : ex-au-cez : moi : donc : promp-te-ment : car : mes : for-ces : me : quit-tent : et : mon : es-prit : est : dé-jà : sur : le : bord : de : mes : lè-vres :

Ne : dé-tour-nez : point : de : moi : vo-tre : vi-sa-ge : a-fin : que : je : ne : de-vi-en-ne : point : sem-bla-ble : à : ceux : qui : des-cen-dent : dans : l'a-bî-me :

Mais : plu-tôt : qu'il : vous : plai-se : me : fai-re : en-ten-dre : dès : le : ma-tin : la : voix : de : vo-tre : mi-sé-ri-cor-de : puis-que : c'est : en : vous : que : j'ai : mis : mon : es-pé-rance :

Mon-trez : moi : le : che-min : par : le-quel : je : dois : mar-cher : dès :

que : mon : â-me : est : tou-jours : é-le-vé-e : vers : vous :

Sei-gneur : dé-li-vrez-moi : du : pou-voir : de : mes : en-ne-mis : je : me : jet-te : en-tre : vos : bras : en-sei-gnez-moi : à : fai-re : vo-tre : vo-lon-té : car : vous : ê-tes : mon : Di-eu :

Vo-tre : Es-prit : qui : est : bon : me : con-dui-ra : par : u-ne : ter-re : u-ni-e : et : pour : la : gloi-re : de : vo-tre : nom : Sei-gneur : vous : me : don-ne-rez : des : for-ces : et : la : vi-gueur : se-lon : vo-tre : équi-té :

Dé-li-vrez : mon : â-me : des : af-flic-ti-ons : qui : l'op-pres-sent : et : me : fai-sant : sen-tir : les : ef-fets : de : vo-tre : mi-sé-ri-cor-de : ex-ter-mi-nez : mes : en-ne-mis :

Per-dez : tous : ceux : qui : tâ-chent : de : m'ô-ter : la : vi-e : par : les : pei-nes : qu'ils : don-nent : à : mon : es-prit : car : je : suis : vo-tre : ser-vi-teur :

Gloi-re : soit : au : Pè-re : etc :

LES VÊ-PRES

DU DI-MAN-CHE

Psau-me 6

Le Sei-gneur a dit à mon Sei-gneur so-yez as-sis à ma droi-te.

Tan-dis que ter-ras-sant vos en-ne-mis je les fe-rai ser-vir d'es-ca-be-au à vos pi-eds.

Le Sei-gneur fe-ra sor-tir de Si-on le scep-tre de vo-tre puis-san-ce pour é-ten-dre vo-tre em-pi-re au mi-li-eu des na-ti-ons qui vous sont en-ne-mi-es.

Vo-tre peu-ple se ran-ge-ra au-près de vous au jour de vo-tre for-ce é-tant re-vê-tu de la splen-deur de vos Saints dès le mo-ment de votre nais-san-ce

qui : pa-raî-tra : au : mon-de : com-me :
la : ro-sé-e : de : l'au-ro-re :

Le : Sei-gneur : a : ju-ré : et : il : ne :
se : ré-trac-te-ra : point : vous : ê-tes :
[dit-il] : Prê-tre : é-ter-nel-le-ment : se-
lon : l'or-dre : de : Mel-chi-sé-dech :

Le Sei-gneur : est : à : vos : cô-tés :
il : bri-se-ra : l'or-gueil : des : Rois :
au : jour : de : sa : fu-reur :

Il : ex-er-ce-ra : sa : jus-ti-ce : sur :
tou-tes : les : na-ti-ons : il : cou-vri-ra :
les : champs : de : corps : morts : et :
cas-se-ra : la : tê-te : à : plu-si-eurs : mu-
tins : qui : sont : sur : la : ter-re :

Il : boi-ra : en : che-min : des : eaux :
du : tor-rent : et : par : là : il : s'é-lè-
ve-ra : dans : la : gloi-re :

Gloi-re : soit : au : Père : etc :

Psau-me : 110 :

Sei-gneur : je : con-fes-se-rai : vos :
lou-an-ges : de : tout : mon : cœur :
les : pu-bli-ant : en : l'as-sem-blé-e :
des : jus-tes : et : en : la : con-gré-ga-
ti-on : des : fi-dè-les :

Les : ou-vra-ges : du : Sei-gneur : sont : grands : et : ceux : qui : les : con-si-dè-rent : ne : se : peu-vent : las-ser : de : les : ad-mi-rer :

La : gloi-re : et : la : mag-ni-fi-cen-ce : pa-rais-sent : dans : les : ou-vra-ges : de : ses : mains : sa : jus-ti-ce : de-meu-re : in-vi-o-la-ble : pendant : l'é-ter-ni-té :

Il : nous : fait : célébrer : la : mé-moi-re : des : mer-veil-les : le : bon : et : mi-sé-ri-cor-di-eux : Sei-gneur : qu'il : est : il : nour-rit : ceux : qui : le : ser-vent : a-vec : crain-te :

Il : n'y : a : point : de si-è-cle : ni : de : du-ré-e : qui : lui : fas-se : per-dre : le : sou-ve-nir : de : son : al-li-an-ce : il : fe-ra : pa-raî-tre : à : son : peu-ple : la : vertu : de : ses : exploits :

Il : aug-men-te-ra : son : hé-ri-ta-ge : par : les : bi-ens : des : na-ti-ons : in-fi-dè-les : et : l'on : ver-ra : par : les : ou vra-ges : de : ses : mains : la : vé-ri-té : de : ses : pro-mes-ses : et : l'infail-li-bi-li-té : de : ses : ju-ge-ments :

Ri-en : ne : pour-ra : ja-mais : é-bran-ler : la : for-ce : de : ses : lois : fon-dé-es : sur : la : du-ré-e : de : l'é-ter-ni-té : com-po-sé-es : se-lon : les : rè-gles : de : la : vé-ri-té : et : de : la : jus-ti-ce :

Il : lui : a : plu : d'en-vo-yer : la : ré-demp-ti-on : à : son : peu-ple : et : de : fai-re : a-vec : lui : une : al-li-an-ce : qui : de-meu-rât : tou-jours :

Son : nom : saint : re-dou-ta-ble : nous : fait : as-sez : voir : que : le : com-men-ce-ment : de : la : sa-ges-se : est : la : crain-te : du : Sei-gneur :

En : ef-fet : il : n'y : a : que : des : per-son-nes : bi-en : a-vi-sé-es : qui : ob-ser-vent : ces : pré-cep-tes : et : leurs : lou-an-ges : sub-sis-te-ront : du-rant : tou-te : l'é-ter-ni-té :

Gloi-re : soit : au : Père : etc :

Psau-me : 101 :

Heu-reux : est : l'hom-me : qui : sert : le : Sei-gneur : a-vec : crain-te : il :

ne : trou-ve : point : de : plai-sir : qui :
é-ga-le : ce-lui : d'ex-é-cu-ter : ses :
Com-man-de-ments :

Sa : pos-té-ri-té : se-ra : puis-san-te :
sur : la : ter-re : la : ra-ce : des : jus-tes :
se-ra : com-blé-e : de : bé-né-dic-ti-ons :

La : gloi-re : et : les : ri-ches-ses :
ren-dront : sa : mai-son : flo-ris-san-te :
et : son : é qui-té : sub-sis-te-ra : é-ter-
nel-le-ment :

Ain-si : la : lu-mi-è-re : se : ré-pand :
sur : les : bons : par-mi : les : té-nè-
bres : par-ce : que : le : Sei-gneur : est :
jus-te : et : pi-to-ya-ble : et : mi-sé-ri-
cor-di-eux :

L'hom-me : qui : est : sen-si-ble :
aux : af-flic-ti-ons : de : son : pro-chain :
l'as-sis-tant : se-lon : sa : com-mo-di té :
est : heu-reux : qui : [dis-je] règle : ses :
pa-roles : et : ses : ac-ti-ons : sur : les :
pré-cep-tes : de : la : jus-ti-ce : ne : tom-
be-ra : ja-mais :

Sa : mé-moi-re : se-ra : im-mor-tel-
le : et : il : ne : crain-dra : point : que :

les : lan-gues : mé-di-san-tes : dés-ho-no-rent : sa : ré-pu-ta-ti-on :

Son : cœur : est : dis-posé : à mettre : tou-te : sa : con-fi-an-ce : au : Sei-gneur : sans : a-voir : au cu-ne : pen-sé-e : de : l'en : dé-tour-ner : jamais : il : ne : craint : ri-en : et : il : at-tend : a-vec : con-stan-ce : la : dé-rou-te : de : ses : en-ne-mis :

Et : par-ce : que : dans : la : distri-bu-ti-on : de : ses : bi-ens : il : en : a : u-sé : li-bé-ra-le-ment : en-vers : les : né-ces-si-teux : sa : jus-ti-ce : de-meu-re-ra : é-ter-nel-le-ment : et : sa : puis-san-ce : se-ra : ho-no-ré e : de : tout : le : mon-de :

Les : mé-chants : vo-yant : ce-la : crè-ve-ront : de : dé-pit : et : de : ra-ge : ils : en : grin-ce-ront : des : dents : ils : en : sè-che-ront : de : co-lè-re : mais : ils : se ront : frus-trés : en : leur : at-ten-te : car : les : dé-sirs : des : mé-chants : pé-ri-ront :

Gloire : soit : au : Père : etc :

Psau-me : 112 :

En-fants : qui : ê-tes : ap-pe-lés : au : ser-vi-ce : du : Sei-gneur : lou-ez : son : saint : nom :

Que : le : nom : du : Sei-gneur : soit : bé-ni : dès : à : pré-sent : et : pen-dant : tou-te : l'é-ter-ni-té :

Car : de-puis : le : so-leil : le-vant : jus-qu'au : point : qu'il : se : cou-che : le : nom : du : Sei-gneur : mé-ri-te : des : lou-an-ges :

Le : Sei-gneur : est : ex-al-té : par : des-sus : tou-tes : les : na-ti-ons : sa : gloi-re : est : é-le-vée : par : des-sus : les : Ci-eux :

Qui : est-ce : donc : qui : peut : en-trer : en : com-pa-rai-son : a-vec : le : Sei-gneur : no-tre : Di-eu : qui : de-meu-re : là-haut : et : qui : s'a-bais-se : tou-te-fois : jus-qu'à : con-si-dé-rer : les : cho-ses : qui : sont : dans : le : Ci-el : et : sur : la : terre :

Il : re-lève : les : mi-sé-ra-bles : de :

la : pous-si-è-re : et : re-ti-re : les : plus : pau-vres : de : la : fan-ge :

Pour : les : é-ta-blir : dans : les : char-ges : ho-no-ra-bles : pour : leur : fai-re : part : du : gou-ver-ne-ment : des : af-fai-res : a-vec : les : prin-ces : de : son : peu-ple :

Qui : rend : fé-con-de : la : fem-me : sté-ri-le : et : la : rend : jo-yeu-se : la : fai-sant : mè-re : de : plu-si-eurs : en-fants :

Gloi-re : soit : au : Pè-re : etc :

Psau-me : 113 :

En : cet-te : mé-mo-ra-ble : sor-ti-e : que : fit : Is-ra-ël : hors : de : l'E-gyp-te : a-près : que : la : mai-son : de : Ja-cob : fut : dé-li-vré-e : de : la : cap-ti-vi-té : où : el-le : é-tait : ré-dui-te : chez : un : peu-ple : bar-ba-re :

Di-eu : choi-sit : la : Ju-dé-e : pour : y : dres-ser : son : sanc-tu-ai-re : et : pour : é-ta-blir : son : em-pi-re : en : Is-ra-ël :

La : mer : vit : cet-te : hau-te : en-tre-pri-se : et : prit : la : fui-te : et : le : Jour-dain : ar-rê-tant : ses : eaux : les : fit : re-mon-ter : du : cô-té : de : sa : sour-ce :

Les : mon-ta-gnes : ont : sau-té : com-me : des : bé-li-ers : et : les : col-li-nes : ont : tres-sail-li : de : joi-e : dans : la : plai-ne : com-me : de : pe-tits : a-gneaux : au-près : de : leurs : mè-res :

Mais : di-tes-nous : gran-de : mer : qui : est-ce : qui : vous : é-pou-van-ta : si : fort : que : vous : vous : re-ti-râ-tes : en : fu-yant : et : vous : fleu-ve : du : Jour-dain : qui : vous : fit : re-tour-ner : en : ar-ri-è-re :

Vous : mon-ta-gnes : pour-quoi : bon-dis-si-ez-vous : com-me : des : a-gneaux : au-près : des : mè-res :

C'est : que : de-vant : la : fa-ce : du : Sei-gneur : la : ter-re : s'est : é-mu-e : c'est : qu'el-le : a : sen-ti : les : a-gi-ta-ti-ons : de : la : crain-te : en : la : pré-sen-ce : du : Di-eu : de : Ja-cob :

Qui : fait : sor-tir : les : é-tangs : de : la : pi-er-re : qui : con-ver-tit : les : ro-chers : en : fon-tai-nes :

Non : point : à : nous : Sei-gneur : non : point : à : nous : mais : à : vo-tre : nom : don-nez : la : gloi-re : qui : lui : ap-par-ti-ent :

A : cau-se : de : la : gran-deur : de : vo-tre : mi-sé-ri-cor-de : et : de : vos : pro-mes-ses : a-fin : que : les : na-ti-ons : ne : di-sent : point : où : est : leur : Di-eu :

Car : il : est : au : Ci-el : où : il : fait : tout : ce : qu'il : lui : plaît : sans : que : sa : puis-san-ce : soit : li-mi-té-e :

Mais : les : si-mu-la-cres : des : Gen-tils : sont : or : et : ar-gent : ou-vra-ges : des : mains : des : hom-mes :

Ils : ont : u-ne : bou-che : et : ne : par-lent : point : ils : ont : des : y-eux : et : ne : voi-ent : ri-en :

Ils : ne : sont : pas : ca-pa-bles : d'é-cou-ter : a-vec : leurs : o-reil-les : ni : de : flai-rer : a-vec : leurs : na-ri-nes :

Leurs mains sont i-nu-ti-les pour tou-cher leurs pi-eds sont in-ca-pa-bles de mar-cher ils ne sau-raient ren-dre au-cun son de leur gor-ge.

Que ceux-là qui les font leur puis-sent res-sem-bler et tous les hom-mes qui met-tent en eux leur con-fi-an-ce.

La mai-son d'Is-ra-ël a mis tou-te son es-pé-ran-ce au Sei-gneur qui est prêt à son se-cours car il est son pro-tec-teur.

La mai-son d'A-a-ron a es-pé-ré en sa seu-le bon-té il est son ap-pui et son pro-tec-teur.

Ceux qui crai-gnent le Sei-gneur se con-fi-ent en lui il est leur re-fu-ge et leur pro-tec-teur.

Le Sei-gneur s'est sou-ve-nu de nous et nous a don-né sa bé-né-dic-ti-on il a com-blé de fa-veurs la mai-son d'Is-ra-ël il a bé-ni la mai-son d'A-a-ron

Il : a : ré-pan-du : ses : grâ-ces : sur : tous : ceux : qui : ré-vè-rent : sa : puis-san-ce : de-puis : les : plus : grands : jus-qu'aux : plus : pe-tits :

Que : le : Sei-gneur : vous : fa-vo-ri-se : in-ces-sam-ment : vous : et : vos : en-fants :

Puis-que : vous : ê-tes : ai-més : de : ce : Sei-gneur : qui : a : fait : le : Ci-el : et : la : ter-re :

Le : Ci-el : très-haut : que : le : Sei-gneur : a : choi-si : pour : sa : de-meu-re : et : la : ter-re : qu'il : a : don-né-e : aux : en-fants : des : hom-mes : a-fin : d'y : ha-bi-ter :

Tou-te-fois : Sei-gneur : les : morts : ne : vous : lou-ent : point : ni : ceux : qui : des-cen-dent : dans : les : li-eux : pro-fonds :

Mais : nous : qui : vi-vons : ren-dons : con-ti-nu-el-le-ment : des : ac-ti-ons : de : grâ-ces : au : Sei-gneur : et : re-con-nais-sons : à : ja-mais : ses : fa-veurs :

★

Gloi-re : soit : au : Pè-re : etc :

Hym-ne :

Cré-a-teur : ex-cel-lent : de : la : lu-mi-è-re : qui : pro-dui-sez : cel-le : des : jours : pré-pa-rant : l'o-ri-gi-ne : du : mon-de : par : le : com-men-ce-ment : d'u-ne : clart-té : tou-te : nou-vel-le :

Vous : a-vez : or-don-né : qu'on : ap-pel-le-rait : jour : le : ma-tin : joint : a-vec : le : soir : dé-brouil-lant : l'hor-ri-ble : con-fu-si-on : des : cho-ses : en-ten-dez : nos : pri-è-res : qui : sont : ac-com-pa-gné-es : de : lar-mes :

De : peur : que : l'es-prit : op-pri-mé : par : les : cri-mes : ne : soit : pri-vé : des : bi-ens : de : la : vi-e : tan-dis : que : ne : son-geant : point : à : mé-di-ter : les : cho-ses : é-ter-nel-les : il : se : pré-ci-pi-te : dans : les : li-ens : du : pé-ché :

Qu'il : pous-se : ses : dé-sirs : jus-que : dans : le : Ci-el : qu'il : rem-porte : le : prix : de : la : vi-e : é-vi-tons : tout : ce : qui : lui : peut : ê-tre : con-trai-re : et : par : u-ne : sain-te : pé-ni-ten-ce : pur-geons : no-tre : â-me : de : tou-tes : ses : i-ni-qui-tés :

Fai-tes-nous : cet-te : fa-veur : Pè-re : très : saint : vous : son : Fils : u-ni-que : et : vous : Es-prit : con-so-la-teur : qui : ré-gnez : à : per-pé-tu-i-té : Ain-si : soit-il :

Can-ti-que : de : la : Vi-er-ge :

Mon : â-me : glo-ri-fi-e : le : Sei-gneur :

Et : mon : es-prit : s'est : ré-jou-i : en : Di-eu : au-teur : de : mon : sa-lut :

Par-ce : qu'il : a : re-gar-dé : fa-vo-ra-ble-ment : la : pe-ti-tes-se : de : sa : ser-van-te : et : dès-là : je : se-rai : nom-mé-e : bi-en-heu-reu-se : dans : la : sui-te : de : tous : les : â-ges :

Car : le : Tout-Puis-sant : a : o-pé-ré : en : moi : de : gran-des : mer-veil-les : son : nom : est : saint :

Sa : mi-sé-ri-cor-de : pas-se : de : li-gné-e : en : li-gné-e : en : tous : ceux : qui : le : ser-vent : a-vec : crain-te :

Il : a : fait : pa-raî-tre : la : for-ce : de : son : bras : fai-sant : a-vor-ter : les : des-seins : des : su-per-bes :

Il : a : fait : des-cen-dre : les : puis-sants : de : leur : trô-ne : et : a : é-le-vé : les : pe-tits :

Il : a : rem-pli : de : bi-ens : les : né-ces-si-teux : et : a : ré-duit : les : ri-ches : à : la : men-di-ci-té :

Il : a : pris : en : sa : pro-tec-ti-on : son : ser-vi-teur : Is-ra-ël : s'é-tant : res-sou-ve-nu : de : sa : mi-sé-ri-cor-de :

Se-lon : la : pa-ro-le : qu'il : en : a-vait : don-né-e : à : nos : pè-res : à : A-bra-ham : et : à : tou-te : sa : pos-té-ri-té : pour : ja-mais :

Gloi-re : soit : au : Pè-re : au : Fils : et : au : Saint-Es-prit :

L'OFFICE
DE
LA VIERGE MARIE.

A MATINES.

Seigneur, ouvrez, s'il vous plaît, mes lèvres.

Et ma bouche aussitôt annoncera vos louanges.

Mon Dieu, venez à mon aide.

Seigneur, hâtez-vous de me secourir.

Gloire soit au Père, et au Fils, et au Saint-Esprit.

Comme elle était au commencement, comme elle est maintenant, et comme elle sera toujours aux siècles des siècles Ainsi soit-il.

Psaume 49.

Venez, montrons la joie que nous avons au Seigneur; chantons la gloire de Dieu qui est notre refuge; comparaissons devant lui, célébrons ses louanges, et faisons résonner les cantiques dans notre allégresse. Je vous salue, Marie, pleine de grâce; le Seigneur est avec vous.

Car le Seigneur est le grand Dieu, et le grand Roi est au-dessus de tous les Dieux; il ne rebutera point son peuple; il tient dans sa main les extrémités de la terre avec les abîmes, et les montagnes les plus élevées sont à lui. Le Seigneur est avec vous.

La mer lui appartient, puisqu'il en est l'excellent ouvrier, et ses mains ont aussi formé la terre. Venez donc, et puisqu'il mérite des adorations, fléchissons les genoux en sa présence, versons des larmes devant le Seigneur qui nous a faits, car il est notre Dieu, et nous sommes les peuples qu'il regarde comme les brebis de sa bergerie. Je vous salue, Marie, pleine de grâce ; le Seigneur est avec vous.

Que si vous écoutez aujourd'hui sa voix, n'endurcissez point vos cœurs, comme vous fîtes en la journée de contradiction qui arriva dans le désert où ils m'éprouvèrent, et où ils virent mes œuvres. Le Seigneur est avec vous.

Ce peuple m'a offensé sans cesse par l'espace de quarante ans ; de sorte que j'ai dit : Ce peuple se trompe toujours en son cœur, et il n'a point connu mes voies; aussi ai-je bien fait serment, dans ma colère, qu'ils n'entreront point dans le lieu de mon repos.

Je vous salue, Marie, pleine de grâce; le Seigneur est avec vous.

Gloire soit au Père, etc.

Hymne.

Celui-là que la terre, la mer, les Cieux révèrent, adorent et louent, qui, par sa puissance infinie, gouverne ce grand univers, les flancs de Marie ont eu l'honneur de le porter.

Les entrailles d'une Vierge féconde, comblée de grâces et de bénédictions du Ciel, contiennent celui à qui la Lune, le Soleil et toutes créatures obéissent.

Heureuse mère, à cause du précieux fruit qu'elle porte, son chaste ventre enferme, comme dans un tabernacle, celui qui a créé le monde et qui le soutient dans le creux de la main !

Heureuse encore par l'ambassade que vous avez reçue du Ciel, ayant été rendue féconde par le Saint-Esprit ! par votre consentement, le Désiré des nations a été envoyé au monde.

Donc à vous, Seigneur, né de la Vierge, gloire soit donnée, comme au Père, au Fils et au Saint-Esprit, aux siècles des siècles. Ainsi soit-il.

Psaume 8.

Seigneur, notre souverain Seigneur, que votre nom est grand et admirable par toute la terre !

Votre magnificence est élevée par-dessus les Cieux.

Vous avez mis vos louanges dans la bouche des petits enfants qui sont encore à la mamelle, afin de remplir de confusion vos adversaires, et détruire les ennemis de votre gloire.

Car je considèrerai les Cieux qui sont l'ouvrage de vos mains avec attention, et ensemble la Lune et les Etoiles que vous avez formées.

Mais qu'est-ce que l'homme pour vous souvenir de lui? ou de quelles perfections est orné le Fils de l'homme pour être digne que vous lui fassiez l'honneur de le visiter?

Car vous ne l'avez rendu qu'un peu inférieur aux Anges, vous l'avez couronné d'honneur et de gloire, et lui avez donné l'empire sur tous les ouvrages de vos mains

Vous avez mis toutes choses sous ses pieds : les brebis, les bœufs et les troupeaux des champs reconnaissent sa domination et son pouvoir.

Et les oiseaux de l'air, et les poissons de la mer, et ceux qui se promènent dans les eaux.

Seigneur, notre souverain Seigneur, que votre nom est grand et admirable par toute l'étendue de la terre !

Gloire soit au Père, etc.

Psaume 18.

Les Cieux racontent la gloire de Dieu, et le Firmament publie l'excellence des ouvrages qui sont sortis de ses mains

Le jour qui passe annonce ses merveilles au jour qui le suit, et la nuit apprend à l'autre nuit à chanter ses louanges.

Il n'y a point de nation ni de langues qui n'entendent leur voix et leur langage

Car le bruit qu'ils font par toute la terre et leurs paroles volent jusqu'aux extrémités du monde.

Le Seigneur a établi dans les Cieux la demeure du Soleil où il paraît comme un époux bien paré, sortant de sa chambre nuptiale.

Il commence sa course gaîment, comme un prince fort et généreux ; il sort de l'un des bouts des Cieux.

Et ayant continué son vaste tour jusqu'à l'autre extrémité, il n'a trouvé aucune créature qui n'ait senti sa chaleur.

La loi du Seigneur, qui est sans tache, attire les affections des justes âmes ; les promesses de Dieu sont certaines; elles donnent la sagesse aux simples.

Sa justice infaillible donne de la joie à tous les cœurs : ses Commandements, qui sont purs, éclairent nos yeux obscurcis.

La crainte du Seigneur, laquelle demeure éternellement, est sainte : ses jugements sont équitables, étant fondés dans sa justice infinie.

Ils sont beaucoup plus désirables que l'or et que toutes les pierres précieuses : ils sont plus doux que le miel, et même que le miel le plus excellent.

C'est pourquoi votre serviteur les a toujours gardés, sachant qu'il y a de grandes récompenses pour ceux qui les observent.

Qui peut savoir le grand nombre de ses fautes ? Seigneur, lavez-moi de mes iniquités cachées, et ne permettez pas que votre serviteur devienne coupable des péchés d'autrui.

Si ses péchés ne me surmontent point, comme je serai sans tache, je serai aussi alors purgé de grands crimes.

Par ce moyen, vous aurez agréables les paroles de ma bouche, et les pensées de mon cœur seront toujours bien reçues devant vous.

Seigneur, vous êtes mon espérance et mon Rédempteur.

Gloire soit au Père, etc.

Psaume 23.

La terre est au Seigneur, et tout ce qu'elle contient, et toutes les créatures qui l'habitent.

Il a établi sur les mers le fondement de la terre ; il l'a rendue habitable, en donnant des bornes à ses rivières.

Qui montera à la montagne du Seigneur ? ou qui sera digne d'habiter dans son Sanctuaire ?

Celui de qui les mains sont innocentes et le cœur net, qui ne passe point sa vie dans la vanité, qui n'use point de sermens pour tromper autrui.

Celui-là recevra de grandes bénédictions du Seigneur, et il obtiendra miséricorde de Dieu, son Sauveur.

Tels sont ceux qui cherchent Dieu, qui cherchent à paraître devant le Dieu de Jacob.

Ouvrez-vous donc, grandes portes, et vous aussi, portes éternelles du Ciel, puisque le Roi de gloire veut entrer.

Quel est ce Roi de gloire ? C'est le

Seigneur grand et puissant; c'est ce Seigneur si redoutable dans les combats.

Ouvrez-vous donc, grandes portes, et vous aussi, portes éternelles du Ciel, puisque le Roi de gloire veut entrer.

Mais enfin quel est ce Roi de gloire? Le Seigneur des armées est ce Roi tout environné de gloire.

Gloire soit au Père, etc.

Psaume 44.

Mon cœur m'inspire un bon propos, c'est de composer cet ouvrage à la gloire du Roi.

Ma langue imitera la légèreté de la main d'un habile écrivain.

Vous surpassez toutes les beautés des hommes : les grâces sont répandues sur vos lèvres; c'est pourquoi Dieu vous a béni de toute éternité.

Mais, ô puissant Roi! mettez votre épée à côté;

Et, tout éclatant de gloire, tenez votre arc, marchez en assurance, et vous règnerez.

A cause de la vérité, de la mansuétude et de la justice, votre bras fera réussir toutes vos entreprises par des exploits inouis ;

Car la pointe de vos dards percera le cœur de vos ennemis, rangera tous les peuples sous votre obéissance.

Mon Dieu, votre trône est éternel, et votre sceptre est un sceptre d'une conduite bien douce.

Vous avez toujours aimé la justice et avez eu en horreur l'iniquité ; pour ce sujet, Dieu vous a sacré d'une huile de liesse, plus excellente que celle qu'il a répandue sur vos associés.

La myrrhe, l'aloès et la casse font sortir une odeur agréable de vos vêtements, que les filles des Rois tirent de leurs cabinets d'ivoire pour vous faire honneur.

La Reine, plus belle que toutes les autres, paraît à votre côté vêtue d'une robe de fin or, diversifiée de pierres précieuses.

Ecoutez, ma fille, ouvrez les yeux,

et soyez attentive aux conseils que je vous donne : oubliez votre peuple, et quittez la maison de votre père.

Le plus grand des Rois désire posséder les perfections que vous avez : il est le Seigneur et le Dieu que tous les peuples sont tenus d'adorer.

Les filles de Tyr, les peuples les plus opulents viendront implorer votre crédit avec quantité de présents qu'ils vous feront.

Les plus grands ornements de cette Princesse ne paraissent point au-dehors; sa robe est en broderie d'or, parsemée de couleurs et de fleurs tissues avec l'aiguille.

Les filles de sa suite, celles qui sont plus près de sa personne, auront l'honneur de vous être présentées.

Elles paraîtront devant vous avec allégresse, et elles entreront dans le Palais royal.

Au lieu de vos parents, vous aurez des enfants généreux, que vous établirez Princes sur la terre.

Ils se souviendront toujours de vous, et laisseront à la postérité des marques de votre gloire et de votre excellence.

Pour ce sujet, les peuples ne se lasseront jamais de vous louer dans la suite des siècles.

Gloire soit au Père, etc.

Psaume 45.

Dieu est notre refuge et notre force; il nous a secourus dans les dangers et afflictions qui nous environnent de toute part;

C'est pourquoi nous n'aurions aucune crainte, quand même la terre serait toute émue, et que les montagnes iraient au fond de la mer;

Quand même les eaux seraient agitées par des tempêtes extraordinaires, et que les montagnes se renverseraient.

Le cours délicieux d'un fleuve embellit la sainte Cité : cette Cité, le Très-Haut l'a sanctifiée pour en faire sa demeure.

Le Seigneur étant au milieu d'elle, elle ne sera point ébranlée ; car il lui donnera du secours quand elle en aura besoin.

Quand les peuples se sont bandés contre cette Cité, leurs Royaumes ont été presque ruinés au premier son de voix du Seigneur, son protecteur.

Le Seigneur des armées est avec nous, le Dieu de Jacob est avec nous ; le Dieu de Jacob nous est un refuge assuré.

Venez donc, et considérez les ouvrages du Seigneur, qui fait tant de prodiges sur la terre, qui fait cesser les guerres jusqu'aux extrémités du monde.

Il rompt les javelots, met les armées en pièces et jette les boucliers dans le feu.

Arrêtez-vous ici, dit-il, et considérez que je suis Dieu : je ferai connaître ma puissance à tous les peuples de la terre, et je serai glorifié par tout le monde.

Le Seigneur des armées est avec

nous : le Dieu de Jacob nous est un refuge assuré.

Gloire soit au Père, etc.

Psaume 86.

Les fondements de Jérusalem sont jetés sur les montagnes saintes ; le Seigneur aime plus les portes de Sion que les tabernacles de Jacob.

Cité de Dieu, on a raconté de vous des choses bien glorieuses.

J'aurai mémoire de l'Egypte et de Babylone, puisqu'elles ont connu mon nom.

Ceux qui habitent la Palestine, les Tyriens et les Ethiopiens, y seront bien venus.

Et quelqu'un dira, parlant de Sion : Un homme excellent est né dans cette Cité qui a été fondée par le Très-Haut.

Le Seigneur écrira dans ses registres les noms des peuples et des princes qui ont été assez heureux pour se trouver en icelle.

Que vous êtes une demeure agréable,

sainte Cité, puisque tous vos habitants sont remplis de joie et de vertu.

Gloire soit au Père, etc.

Psaume 95.

Chantez un cantique nouveau à la louange du Seigneur : récitez des Hymnes à sa gloire, vous, peuples de la terre.

Chantez des airs à son honneur, et donnez à son saint nom les louanges qu'il mérite : annoncez de jour en jour l'histoire de ses bienfaits.

Publiez ses actions glorieuses parmi les nations, et racontez à tous les peuples les merveilles de sa puissance ;

Car le Seigneur est grand et digne d'un suprême honneur ; il est lui seul plus redoutable que tous les autres Dieux.

Les Dieux que les peuples adorent sont des Démons : mais notre Dieu a fait les Cieux.

Les grâces et la beauté l'environnent de toutes parts : la sainteté et la magnificence sont les plus beaux ornements de son sanctuaire.

Peuples et nations, apportez au Seigneur la gloire et l'honneur dont il est digne : rendez au nom du Seigneur quantité de bénédictions.

Venez lui apporter vos offrandes dans son temple : adorez le Seigneur dans son sanctuaire.

Que tout l'univers tremble devant sa face : faites savoir aux peuples que le Seigneur tient les rênes de l'empire du monde.

Car il a si bien assuré les fondements de la terre, qu'ils ne seront jamais ébranlés ; il gouvernera et il jugera tous les peuples selon la justice.

Que les Cieux et la terre s'en réjouissent ; que la mer, et tout ce qu'elle enferme, en sente des émotions d'allégresse ; que les champs, et tout ce qu'ils contiennent, soient transportés d'une joie pareille.

Et que tous les arbres des forêts se

réjouissent en la présence du Seigneur qui est venu au monde, parce qu'il est venu au monde pour le gouverner.

Il jugera tout le monde avec justice, et rendra à tous les peuples selon l'infaillibilité de ses promesses.

Gloire soit au Père, etc.

Psaume 96.

Le Seigneur gouverne le monde; que toute la terre s'en réjouisse, et que les îles de la mer soient aussi joyeuses.

Il y a des images et des ombres épaisses qui nous le cachent; toutefois, son Trône est fondé sur la justice et sur l'équité.

Il fera aller le feu devant lui, pour réduire en cendres ses ennemis qui l'environnent.

Il jettera tant d'éclairs dans le monde, qu'en étant ébloui, il tremblera de frayeur.

Les montagnes se fondront comme

la cire en présence du Seigneur, à l'aspect du dominateur de l'univers.

Les Cieux annonceront sa justice, et il n'y aura point de peuple qui ne voie les grandeurs de sa gloire.

Que ceux-là soient donc remplis de confusion et de honte, qui mettent leurs espérances en leurs faux Dieux et vaines Idoles.

Adorez ce Seigneur tout-puissant, vous qui êtes ses Anges ; ce que Sion ayant entendu, elle s'en est réjouie.

Les filles de Juda ont témoigné leur joie, en voyant que vos jugements, Seigneur, ont exterminé l'impiété.

Parce que vous êtes le Très-Haut qui exercez un empire absolu sur toute la terre : vous êtes sans comparaison plus grand que tous les autres Dieux.

Vous donc qui aimez le Seigneur, ayez le mal en horreur : ce Seigneur garde soigneusement les âmes qui lui sont consacrées, et les délivre de la persécution des méchants.

La lumière se répand sur les justes, et la véritable joie comblera le cœur des gens de bien

Réjouissez-vous au Seigneur, vous tous qui êtes justes ; et le remerciez des bienfaits que vous avez reçus.

Gloire soit au Père, etc.

Psaume 97.

Chantez un Cantique nouveau à la louange du Seigneur, car il a fait des choses admirables.

Il a établi le salut par sa puissance et par la force de son saint bras.

Le Seigneur a fait connaître l'excellence de notre rédemption, et a signalé sa justice parmi les peuples.

Il n'a point perdu la mémoire de ses miséricordes, non plus que des promesses qu'il a faites à la maison d'Israël.

Par toute le terre on ne peut douter que notre Dieu n'ait fait connaître notre salut.

Composez des hymnes ; chantez à

la gloire de Dieu, vous, peuples, qui habitez tout l'univers.

Faites des concerts avec des harpes et toutes sortes d'autres instruments ; joignant vos voix à leur mélodie, faites sonner les trompettes et les cornets.

Faites connaître votre joie en la présence du Seigneur, monarques de l'univers ; que la mer, et tout ce qu'elle enferme, en sente des émotions de joie ; que le rond de la terre s'en réjouisse pareillement.

Que les fleuves applaudissent en la présence de ce Seigneur, par le murmure de leurs eaux ; que les montagnes montrent aussi des signes de joie, puisqu'il est venu juger la terre avec justice.

Il jugera tout le monde avec justice, et les peuples selon l'équité.

Gloire soit au Père, etc.

ABSOLUTION.

Que par les prières et par les mérites de la bienheureure Marie, toujours Vierge, de tous les Saints, il plaise à Notre-Seigneur nous conduire au Royaume des Cieux.

Leçon I.

En toutes choses, j'ai cherché mon repos, mais enfin je demeurerai dans l'héritage du Seigneur. J'achevais ce propos, quand le Créateur du monde, celui même qui est l'auteur de mon être, et qui a reposé en mon tabernacle, me fit l'honneur de me commander, en me disant : Habite en la maison de Jacob, et prends les héritages en Israël, jetant des racines profondes entre mes élus. Mais vous, Seigneur, ayez pitié de nous.

Leçon II.

Ainsi j'ai fait mon séjour en Sion, je me suis pareillement reposé en la sainte Cité, et j'ai établi ma puissance en Jérusalem, poussant par ce moyen des racines profondes entre un peuple comblé de bénédictions célestes, lequel a son hérédité en la part de Dieu, et entre la multitude des Saints sera ma demeure à jamais. Mais vous, Seigneur, ayez pitié de nous

Leçon III.

J'ai été élevée comme le cèdre au Liban, et comme le cyprès en la montagne de Sion ; j'ai été élevée comme les palmes de Cadès, ou comme les rosiers qui sont plantés en Jéricho, comme la belle olive dans les campagnes, et comme le peuplier qui s'éloigne de son tronc auprès des eaux, le long des grands chemins.

J'ai répandu une odeur comme de la canelle et du baume aromatique; ni plus ni moins que la myrrhe choisie, j'ai fait sentir la douceur de mes parfums. Mais vous, Seigneur, ayez pitié de nous.

Hymne

De St Ambroise et de St Augustin.

Nous vous louons, Dieu tout-puissant, nous confessons que vous êtes le Seigneur de l'univers.

Vous, Père éternel, que toute la Terre adore.

Tous les Anges sont les fidèles exécuteurs de vos volontés ; les Cieux et les Puissances vous adorent et vous craignent.

Les Chérubins et les Séraphins chantent perpétuellement cet hymne en votre honneur :

Saint, Saint, Saint, est le Seigneur Dieu des armées.

Les Cieux et la terre sont remplis de la grandeur de votre gloire.

Vous êtes exalté par la glorieuse compagnie des Apôtres.

La véritable multitude des Prophètes récite des hymnes pour vous honorer.

L'innocente et nombreuse armée des martyrs célèbre vos louanges ;

Et la Sainte Eglise vous confesse par tout le rond de la terre.

Le Père éternel, qui est d'une grandeur incompréhensible ;

Le vrai et unique Fils, engendré de la substance du Père ;

Et le Saint-Esprit paraclet, qui procède du Père et du Fils.

Vous, Christ, qui êtes le Roi de gloire ;

Vous, qui êtes le Fils éternel du Père ;

Vous qui, pour délivrer l'homme de la servitude, avez voulu vous faire homme, et n'avez point dédaigné le sein d'une Vierge ;

Vous qui, après avoir rompu l'aiguillon de la mort, avez ouvert aux croyants le Royaume des Cieux ;

Vous qui êtes assis à la droite de Dieu en la gloire du Père,

Et qui devez un jour venir juger le monde,

Nous vous supplions de subvenir par votre assistance à vos serviteurs, que vous avez rachetés par votre précieux sang ;

Faites, s'il vous plaît, qu'ils soient comptés dans la gloire au nombre de vos Saints.

Sauvez votre peuple, Seigneur, et comblez de grandes bénédictions votre héritage.

Prenez le soin de nous conduire, et ne vous lassez jamais de nous favoriser.

Nous employons tous les jours à vous remercier de vos bienfaits ;

Nous louons sans cesse votre nom, et nous le louerons à jamais.

Préservez-nous, s'il vous plaît, Seigneur, de tomber cette journée en péché.

Ayez pitié de nous, Seigneur, ayez pitié de nous ;

Et comme nous avons espéré en votre bonté, faites que nous sentions les effets de votre miséricorde.

En vous, Seigneur, j'ai mis mon espérance ; ainsi je ne recevrai jamais de confusion.

Gloire soit au Père, etc.

PRIÈRES POUR LA MESSE.

† *In nomine Patris et Filii, et Spiritûs Sancti. Amen.*

SEIGNEUR, faites-moi la grâce de me faire entrer dans les dispositions où je dois être pour vous offrir dignement avec le Prêtre cet auguste Sacrifice. Je vous l'offre, mon Dieu, en m'unissant aux intentions de Jésus-Christ et de l'Église, pour rendre à votre divine Majesté l'hommage souverain qui lui est dû, pour vous remercier de tous vos bienfaits, pour satisfaire pour tous les péchés du monde, et particulièrement pour les miens, et pour obtenir, par Jésus-Christ votre Fils, toutes les grâces dont j'ai besoin.

Au Confiteor

QUOIQUE pour connaître mes péchés, ô mon Dieu, vous n'ayez pas besoin de ma confession, et que vous lisiez dans mon cœur toutes mes iniquités, je vous les confesse pourtant à la face du Ciel et de la terre; j'avoue que je vous ai offensé par mes pensées, par mes paroles et par mes actions ; j'en dis ma coulpe et je vous demande très humblement pardon Vierge sainte, Anges du Ciel, Saints et Saintes du Paradis, priez pour nous, et pendant que nous gémissons dans cette vallée de misères et de larmes, demandez grâce pour nous, et obtenez-nous le pardon de nos péchés.

Quand le Prêtre monte à l'Autel.

J'ADORE, Seigneur, votre miséricorde qui veut bien permettre que le Prêtre s'approche de Votre Sanctuaire pour nous réconcilier avec vous, détruisez par votre bonté tous les obstacles qui pourraient retarder cette réconciliation, et nous empêcher de rentrer dans votre amitié.

*A l'*Introït.

C'EST vous, Seigneur, qui avez inspiré aux Patriarches des désirs si ardents de voir descendre votre Fils unique sur la terre : communiquez-moi quelque chose de cette sainte ardeur, et faites que, malgré les misères et les embarras de cette vie, je ressente en moi un saint empressement de m'unir à vous.

JE vous demande, ô mon Dieu! par des gémissements et des soupirs réitérés, que vous me fassiez miséricorde, et quand je vous dirais tous les moments de ma vie : Seigneur, ayez pitié de moi, ce ne serait pas encore assez pour le nombre et pour l'énormité de mes péchés.

Au Gloria in Excelsis.

LA gloire que vous méritez, ô mon Dieu! ne peut vous être dignement rendue que dans le Ciel : mon cœur fait tout ce qu'il peut sur la terre au milieu de son exil; il vous loue, il vous bénit, il vous adore, il vous glorifie, il vous rend grâces, il vous reconnaît pour le Saint des Saints, et le Seigneur souverain du Ciel et de la terre, Père, Fils et Saint-Esprit.

Aux Oraisons.

RECEVEZ, Seigneur, les prières qui vous sont adressées pour nous; accordez-nous les grâces et les vertus que l'Eglise, votre épouse, vous demande en notre faveur. Il est vrai que nous ne méritons pas que vous nous écoutiez ; mais considérez que nous vous demandons toutes ces grâces par Jésus-Christ votre Fils, qui vit et règne avec vous dans tous les siècles des siècles. Ainsi soit-il.

A l'Epître.

JE regarde cette Epître, ô mon Dieu ! comme une lettre qui me vient du Ciel pour m'apprendre vos volontés adorables. Accordez-moi, s'il vous plaît, la force dont j'ai besoin pour accomplir ce que vous m'ordonnez. C'est vous, Seigneur, qui avez inspiré aux Prophètes et aux Apôtres ce qu'ils ont écrit ; faites-moi un peu de part de leurs lumières, mettez en même temps dans mon cœur une étincelle du feu sacré qui les a embrasés, afin que, comme eux, je vous aime et je vous serve sur la terre.

A l'Evangile.

JE me lève, ô souverain Législateur ! pour témoigner que je suis prêt à défendre, aux dépens de tous mes intérêts et de ma vie même, les vérités éternelles qui sont contenues dans le saint Evangile. Faites-moi la grâce d'avoir autant de fidélité à accomplir votre divine parole, que vous m'inspirez de fermeté pour la croire.

Au Credo.

Oui, mon Dieu, je crois toutes les vérités que vous avez révélées à votre sainte Église ; il n'y en a pas une seule pour laquelle je ne voulusse donner mon sang, et c'est dans cette fidèle soumission que, m'unissant intérieurement à la profession de foi que le Prêtre vous fait de bouche, je dis à présent d'esprit et de cœur, comme il vous le dit de vive voix, que je crois fermement en vous, et je vous proteste que je veux vivre et mourir dans les sentiments de cette foi pure, et dans le sein de l'Église Catholique, Apostolique et Romaine.

A l'Offertoire.

Quoique je ne sois qu'une créature mortelle et pécheresse, je vous offre par les mains du Prêtre, ô vrai Dieu vivant et éternel ! cette Hostie sans tache et ce précieux Calice qui doivent être changés au Corps et au Sang de Jésus-Christ votre Fils : recevez, Seigneur, ce sacrifice ineffable en odeur de suavité et souffrez que j'unisse à cette oblation sainte le sacrifice que je vous fais de mon corps et de mon âme, de mes biens, de ma vie et de tout ce qui m'appartient.

Quand le Prêtre lave ses doigts.

LAVEZ-moi, Seigneur, dans le Sang de l'Agneau, afin que, purifié de toutes mes taches, et revêtu de la robe nuptiale de votre grâce, je puisse espérer d'être un jour admis au festin que vous préparez à vos Elus dans le Ciel.

A la Préface.

IL est temps, ô mon âme ! de vous élever au-dessus de toutes les choses d'ici-bas. Attirez, Seigneur, attirez vous-même nos cœurs jusqu'à vous, et souffrez que nous unissions nos faibles voix aux divins concerts des Esprits bienheureux, et que nous disions, dans le lieu de notre exil, ce qu'ils chantent éternellement dans le séjour de la gloire : Saint, Saint, Saint, est le Dieu que nous adorons, le Seigneur, le Dieu des armées.

Au Canon.

Père éternel, qui êtes le souverain Pasteur des Pasteurs, conservez et gouvernez votre Eglise, sanctifiez-la et répandez-la par toute la terre. Unissez tous ceux qui la composent dans un même esprit et un même cœur. Bénissez notre saint Père le Pape, notre Prélat, notre Nation, notre Pasteur et tous ceux qui sont dans la foi de votre Eglise.

Au premier Memento.

Je vous supplie, ô mon Dieu! de vous souvenir de mes parents, de mes amis, de mes bienfaiteurs spirituels et temporels. Je vous recommande aussi de tout mon cœur les personnes de qui je pourrais avoir reçu quelques mauvais traitements : oubliez leurs péchés et les miens; donnez-leur part aux mérites de ce divin sacrifice, et comblez-les de vos bénédictions en ce monde et en l'autre.

A l'élévation de l'Hostie.

O Jésus, mon Seigneur! vrai Dieu et vrai Homme, je crois que vous êtes réellement présent dans cette sainte Hostie, je vous y adore de tout mon cœur.

A l'élévation du Calice.

O précieux sang, qui avez été répandu pour nous sur la Croix, je vous adore. Guérissez-moi, purifiez-moi, sanctifiez-moi. Laissez, Seigneur, laissez couler une goutte de ce sang adorable sur mon âme, afin de laver ses taches et de l'embraser du feu sacré de votre amour.

Au second Memento

SOUVENEZ-VOUS, Seigneur, des âmes qui souffrent dans le Purgatoire ; elles ont l'honneur de vous appartenir et d'être vos épouses ; exaucez particulièrement celles qui sont les plus abandonnées, et celles pour qui je suis plus obligé de prier.

Au Pater.

QUOIQUE je ne sois qu'une misérable créature, cependant, grand Dieu! je prends la liberté de vous appeler mon Père; vous le voulez, Seigneur, faites-moi donc la grâce de ne pas me rendre indigne de la qualité de votre enfant Que votre saint nom soit béni à jamais. Régnez absolument dans mon cœur, afin que j'accomplisse votre volonté sur la terre, comme les Saints font dans le Ciel. Vous êtes mon Père, donnez-moi donc, s'il vous plaît, ce pain céleste dont vous nourrissez vos enfants. Pardonnez-moi, comme je pardonne de bon cœur, pour l'amour de vous, à ceux qui m'auraient offensé. Ne permettez pas que je succombe jamais à aucune tentation; mais faites que, par le secours de votre grâce, je triomphe de tous les ennemis de mon salut.

A l'Agnus Dei.

Divin Agneau, qui avez bien voulu vous charger des péchés du monde, ayez pitié de moi : je suis accablé du poids et de l'énormité des miens. Portez-les, mon Jésus. portez-les, puisqu'en les portant, vous les effacerez, et qu'en les effaçant, vous me donnerez votre paix et votre amour.

Au Domine, non sum dignus.

Hélas ! Seigneur, il n'est que trop vrai que je ne mérite pas de vous recevoir ; je m'en suis rendu tout-à-fait indigne par mes péchés : je les déteste parce qu'ils m'ont éloigné de vous.

Rapprochez-m'en, ô mon Dieu ! en me parlant au fond du cœur et m'excitant à la pénitence.

A la Communion.

O mon aimable Jésus ! si je n'ai pas aujourd'hui le bonheur d'être nourri de votre chair adorable, souffrez du moins que je vous reçoive d'esprit et de cœur, et que je m'unisse à vous par la foi, par l'espérance et par l'amour. Je crois en vous, je vous aime de tout mon cœur, je voudrais être en état de vous recevoir dans ce divin Sacrement avec toutes les dispositions que vous souhaitez de moi.

Pendant les dernières Oraisons.

Vous voulez, Seigneur, que vos fidèles vous prient toujours, parce qu'ils ont toujours besoin de vos grâces, et que les trésors de votre miséricorde sont inépuisables ; répandez en nous cet esprit de prière, qui est un esprit d'humilité, de confiance et d'amour, afin que, nous adressant à vous comme vous le souhaitez, nous méritions d'être exaucés, par Jésus-Christ votre Fils, qui vit et règne avec vous dans la gloire.

L'HOMME PARFAIT.

Rendez au Créateur ce que l'on doit lui rendre.
Réfléchissez toujours avant que d'entreprendre.
Point de société qu'avec d'honnêtes gens.
Ne vous enflez jamais de vos heureux talents.
Conformez-vous souvent aux sentiments des autres :
Cédez modestement si l'on combat les vôtres.
Donnez attention à tout ce qu'on vous dit,
Sans affecter jamais d'avoir beaucoup d'esprit.
N'entretenez personne au-delà de sa sphère,
Et dans tous vos discours soyez toujours sincère.
Tenez votre parole inviolablement,
Et ne promettez pas inconsidérément.
Soyez officieux, complaisant, doux, affable,
Et vous montrant toujours d'un abord favorable ;
Sans être familier, ayez un air aisé,
Ne décidez de rien qu'après l'avoir pesé.
Aimez sans intérêt, pardonnez sans faiblesse.
Soyez soumis aux grands sans aucune bassesse :
Cultivez avec soin l'amitié de chacun.
A l'égard des procès, n'en intentez aucun.
Ne vous informez point des affaires des autres ;
Avec attention attachez-vous aux vôtres.
Prêtez sans intérêt, mais toujours prudemment ;
S'il faut récompenser, faites-le noblement ;
Et de quelque façon que vous vouliez paraître,
Que ce soit sans excès et sans vous méconnaître.
Compatissez partout aux disgrâces d'autrui,
Supportez ses défauts, soyez fidèle ami.
Surmontez les chagrins où l'esprit s'abandonne,
Sans les faire jamais rejaillir sur personne.
Où la discorde règne, établissez la paix,
Et ne vous vengez point qu'à force de bienfaits.
Reprenez sans aigreur, louez sans flatterie,
Riez honnêtement, entendez raillerie.

Estimez un chacun dans sa profession,
Et ne critiquez rien par ostentation.
Ne soyez pas ingrat, payez toutes vos dettes.
Sans jamais reprocher le plaisir que vous faites,
Prévenez les besoins d'un ami malheureux.
Sans prodigalité montrez-vous généreux.
Modérez les transports d'une bile naissante,
Jamais ne parlez mal de la personne absente.
Ménagez votre bien et vivez sobrement.
Ne vous fatiguez point sur le gouvernement.
Dans la perte ou le gain suivez la loi divine.
Au jeu, que l'intérêt jamais ne vous domine.
Toujours dans vos discours, modeste, retenu,
Que rien, sur vos devoirs, ne vous soit inconnu.
Parlez peu, parlez bien et ne trompez personne,
Et faites toujours cas de ce que l'on vous donne.
Loin de tyranniser le pauvre débiteur,
De sa tranquillité soyez plutôt l'auteur.
Au bonheur du prochain ne portez point envie,
Ne divulguez jamais ce que l'on vous confie.
Gardez votre secret, ne vous vantez de rien;
Vous serez le portrait du sage et du Chrétien.

Chrétien, souvenez-vous que vous avez aujourd'hui Dieu à glorifier, Jésus-Christ à imiter, l'Esprit de grâce à invoquer ;

Les Saints à prier, l'Eglise du Ciel à honorer, celle du Purgatoire à assister ;

Le prochain à édifier, les démons à combattre, le monde à mépriser ;

Des vices à détruire, des vertus à acquérir, de saints désirs à fortifier ;

Des péchés à expier, des passions à vaincre, des fautes à pleurer ;

Un corps à mortifier, un temps à ménager et une éternité à méditer.

Faites cela, et vous vivrez. *St. Luc*, chap. 10.

Seigneur, apprenez-moi à faire votre volonté, car c'est vous qui êtes mon Dieu. *Psaume* 142.

TABLE DE MULTIPLICATION.

2	fois	2	font	4	5	fois	8	font	40
2	fois	3	font	6	5	fois	9	font	45
2	fois	4	font	8	5	fois	10	font	50
2	fois	5	font	10	5	fois	11	font	55
2	fois	6	font	12	5	fois	12	font	60
2	fois	7	font	14	6	fois	6	font	36
2	fois	8	font	16	6	fois	7	font	42
2	fois	9	font	18	6	fois	8	font	48
2	fois	10	font	20	6	fois	9	font	54
2	fois	11	font	22	6	fois	10	font	60
2	fois	12	font	24	6	fois	11	font	66
3	fois	3	font	9	6	fois	12	font	72
3	fois	4	font	12	7	fois	7	font	49
3	fois	5	font	15	7	fois	8	font	56
3	fois	6	font	18	7	fois	9	font	63
3	fois	7	font	21	7	fois	10	font	70
3	fois	8	font	24	7	fois	11	font	77
3	fois	9	font	27	7	fois	12	font	84
3	fois	10	font	30	8	fois	8	font	64
3	fois	11	font	33	8	fois	9	font	72
3	fois	12	font	36	8	fois	10	font	80
4	fois	4	font	16	8	fois	11	font	88
4	fois	5	font	20	8	fois	12	font	96
4	fois	6	font	24	9	fois	9	font	81
4	fois	7	font	28	9	fois	10	font	90
4	fois	8	font	32	9	fois	11	font	99
4	fois	9	font	36	9	fois	12	font	108
4	fois	10	font	40	10	fois	10	font	100
4	fois	11	font	44	10	fois	11	font	110
4	fois	12	font	48	10	fois	12	font	120
5	fois	5	font	25	11	fois	11	font	121
5	fois	6	font	30	11	fois	12	font	132
5	fois	7	font	35					

Chiffres Arabes et Romains.

un	1	I.
deux	2	II.
trois	3	III.
quatre	4	IV.
cinq	5	V.
six	6	VI.
sept	7	VII.
huit	8	VIII.
neuf	9	IX.
dix	10	X.
onze	11	XI.
douze	12	XII.
treize	13	XIII.
quatorze	14	XIV.
quinze	15	XV.
seize	16	XVI.
dix-sept	17	XVII.
dix-huit	18	XVIII.
dix-neuf	19	XIX.
vingt	20	XX.
trente	30	XXX.
quarante	40	XL.
cinquante	50	L.
soixante	60	LX.
soixante-dix	70	LXX.
quatre-vingts	80	LXXX.
quatre-vingt-dix	90	XC.
cent.	100	C.

www.ingramcontent.com/pod-product-compliance
Lightning Source LLC
LaVergne TN
LVHW050625090426
835512LV00007B/680